O EVANGELHO PARA CRIANÇAS
Segundo o Espiritismo

Erik Pitkowsky

VINHA
DE LUZ

Belo Horizonte
2020

EDIÇÃO: VINHA DE LUZ - Serviço Editorial
Departamento Editorial da Casa de Chico Xavier de Pedro Leopoldo
Av. Álvares Cabral, 1777 | 20º andar | Sala 2006
Santo Agostinho | 30170-001 | Belo Horizonte | MG
(31) 2531-3200 | 2531-3300 | 3517-1573
www.vinhadeluz.com.br | informacoes@vinhadeluz.com.br
www.casadechicoxavier.com.br | informacoes@casadechicoxavier.com.br

COORDENAÇÃO EDITORIAL | Célia Maria de Oliveira Soares – Erik Pitkowsky – Geraldo Lemos Neto

ILUSTRAÇÕES | Erik Pitkowsky

REVISÃO DOUTRINÁRIA | Clemente Oliveira Barros

CAPA | PROJETO GRÁFICO | DIAGRAMAÇÃO | REVISÃO TÉCNICO-CIENTÍFICA | Célia Maria de Oliveira Soares

1ª edição – janeiro 2020 | 2.000 exemplares

Dados Internacionais de Catalogação na Publicação (CIP)
(Câmara Brasileira do Livro, SP, Brasil)

Pitkowsky, Erik .
  O Evangelho para crianças segundo o Espiritismo /
Erik Pitkowsky ; [ilustrações do autor] - -
Belo Horizonte : Vinha de Luz Editora , 2020 .

  Bibliografia
  ISBN 978-85-63716-42-2

  1 . Espiritismo - Literatura infanto-juvenil
2 . Jesus Cristo - Interpretações espíritas -
Literatura infanto-juvenil I . Título .

20-32675   CDD-028 . 5

Índices para catálogo sistemático :
  1 . Espiritismo : Literatura infantil   028 . 5
  2 . Espiritismo : Literatura infanto-juvenil   028 . 5

Maria Alice Ferreira - Bibliotecária - CRB-8 / 7964

Para refletir

"(...) Cada dia no Evangelho
é um novo marco na edificação
de nossas almas para a vida eterna. (...)"[1]

Arthur Joviano (*Neio Lúcio*)

---

[1] Do livro *Sementeira de luz*, psicografado por Chico Xavier, pelo espírito Neio Lúcio, organização de Wanda Amorim Joviano (Vinha de Luz, 6. ed., 2018, p. 499).

Dedicado a

todos os pais que buscam orientar seus
filhos no caminho do Evangelho de Jesus,
colaborando, assim, para consolidar na
Terra o reino de Deus, nosso Pai de Amor.

Que o Senhor da luz, nosso Mestre
amado, nos ilumine os caminhos,
e que Deus nos abençoe a todos,
hoje e sempre. Amém.

Sumário

Apresentação

"Qual o tipo mais perfeito que Deus tem oferecido ao homem para lhe servir de guia e modelo? 'Jesus'."

Questão 625 - *O livro dos espíritos*

A Vinha de Luz Editora abre o ano de 2020 com o lançamento deste *O Evangelho para crianças segundo o Espiritismo*, compromissada que é em difundir a Boa Nova do Cristo no seio da família espírita, com o objetivo único e exclusivo de consolidar nos corações os códigos de amor legados por Jesus a todos os homens e mulheres de boa vontade.

Esta obra, assinada pelo psicólogo espírita paulistano Erik Pitkowsky, em seus textos acessíveis e ilustrações para colorir, traz para o público infanto-juvenil os ensinamentos basilares das sagradas escrituras do Novo Testamento, inaugurando na vida da criança e do adolescente espírita a verdade consoladora da moral evangélica cristã.

Segundo Emmanuel, benfeitor espiritual responsável pelo trabalho psicográfico de Francisco Cândido Xavier, o maior médium que pisou o solo da Terra depois de Jesus, é preciso *"oferecer à criança bases para que ela se conheça no mundo em que está vivendo"* [1] e o roteiro do Mestre é o mais acertado e seguro na jornada terrestre como escola redentora e de aperfeiçoamento das almas rumo à luz.

Que este seja um instrumento de evangelização capaz de efetivar em todos nós a transformação do "homem velho" no "homem novo", considerando que somos espíritos imortais *"na direção do mundo redimido de amanhã"*.[2]

Geraldo Lemos Neto

[1] Do livro *"Encontros no tempo"*, psicografia de Chico Xavier por espíritos diversos (5. ed., IDE, 1979). [2] Do livro *"A terra e o semeador"*, psicografia de Chico Xavier por Emmanuel (7. ed., IDE, 1975).

> *"Eis que estou à porta e bato;*
> *se alguém ouvir a minha voz e abrir a porta,*
> *entrarei em sua casa e com ele cearei, e ele comigo."*
>
> – Apocalipse, 3: 20

Este livro é um pequeno resumo das lições ensinadas pelo nosso divino Mestre Jesus.

A palavra *"evangelho"* significa *"boa nova"* ou *"boa notícia"*. Essa boa notícia nós só encontraremos seguindo os passos divinos daquele que foi, é e sempre será o celeste Benfeitor de toda a humanidade.

O culto do Evangelho de Jesus no lar é uma prática espírita. Não existe uma fórmula única para isso, mas existem algumas sugestões de como fazê-lo.

Allan Kardec, o codificador da Doutrina dos Espíritos, ensina, por meio dos amigos espirituais, que a forma não é nada, porém o sentimento é tudo. Assim sendo, observamos em suas obras, e nas obras de Chico Xavier, que há um padrão de respeito e recolhimento para a realização do culto do Evangelho de Jesus em nossa casa, em dia e horário previamente determinados. Essa disciplina é muito importante para não interferirmos nas tarefas que a Espiritualidade programa no plano espiritual para nosso próprio auxílio e para outras pessoas, encarnadas e desencarnadas.

Quem busca cultivar o Evangelho no lar abre a porta do seu lar a Jesus. Porque ele não entra em nossas casas pela janela ou forçando a entrada. O Senhor nos espera o convite do coração para entrar.

Eis que o Mestre bate à porta – eis que ele se dispõe a ajudar aos homens e mulheres de boa vontade.

Erik Pitkowsky

"No princípio era o Verbo e o Verbo estava com Deus e o Verbo era Deus. Ele estava no princípio em Deus."

– João, 1: 1-2

O *"verbo"* no Evangelho significa não apenas a palavra falada, mas também a vontade de Deus, a força criadora que emana de Deus. No início dos textos de João, Jesus é chamado de *"verbo"*, pois ele representa essa força criadora que transforma a vontade de Deus em obra concreta.

Foi assim que bilhões de anos atrás nosso Pai Celestial desejou que um novo planeta fosse criado e Jesus, poderoso em amor e em sabedoria, recebeu a tarefa divina de construir e governar o planeta Terra.

Deus habita em todo o Universo infinito e os planetas constituem as diversas moradas para os espíritos em evolução.

"Todas as coisas foram feitas por Ele e sem Ele nada foi feito."
– João, 1: 3

Jesus conduziu o planejamento e a construção de nosso planeta Terra, a constituição física das diversas espécies de minerais, plantas, animais e seres humanos, assim como o estabelecimento de todas as formas de evolução para cada uma delas.

"Ele estava no mundo e o mundo foi feito por Ele e o mundo não o conheceu."
– João, 1: 10

Jesus está presente na Terra desde a sua formação, sempre trabalhando e orientando as coletividades humanas rumo ao

progresso. Mas o mundo não o conheceu, de fato. Há mais de dois mil anos sua mensagem é mal compreendida e utilizada. Para a maioria das pessoas, o Salvador é apenas um distribuidor de favores e de bens materiais.

Para o cristão sincero, porém, Jesus sempre será o divino Benfeitor e renovador de nossas vidas – a luz que transforma homens ignorantes em anjos celestiais.

O nascimento de Jesus

"E o Verbo se fez carne e construiu seu tabernáculo dentro de nós, cheio de graça e verdade, e nós contemplamos sua glória."

– João, 1: 14

"No sexto mês, foi enviado da parte de Deus o anjo Gabriel a uma cidade da Galileia, chamada Nazaré."

– Lucas 1: 26

"(...) uma virgem prometida a um homem que se chamava José, da casa de Davi, e o nome da virgem era Maria."

– Lucas 1: 27

Para nascer na Terra, nosso Mestre não escolheu uma fortaleza rica e poderosa, ou palácios de reis, pois de nada disso o Senhor precisava. Jesus buscou uma casa onde o amor a Deus era fonte de paz e de alegria.

Em uma casinha pobre, morava um homem justo, de mente dedicada ao trabalho e de coração fiel a Deus. Seu nome era José.

Também havia na casa uma jovem de bom coração e grande fé em Deus. Essa jovem era Maria, de Nazaré.

Maria orava muito, pedindo a Deus para ajudar a seu povo que tanto sofria, porque o povo judeu era muito pobre e era dominado pelos romanos.

Foi assim que Jesus escolheu Maria e José para serem seus pais na Terra.

É importante lembrar que após o seu nascimento o rei Herodes, chamado de "o grande", foi avisado por seus servos de que em Belém havia nascido o "Salvador" dos judeus. Então ele mandou matar todas as crianças recém-nascidas da cidade e das redondezas na tentativa de eliminar o menino Jesus e se manter no poder.[1]

---

[1] Mateus, 2: 1-16.

Visita ao templo

Jesus tinha doze anos quando foi à festa da Páscoa em Jerusalém. Naquele tempo, a Páscoa comemorava a libertação do povo hebreu, que, no passado, havia sido escravizado pelos egípcios. Por meio de Moisés, Deus libertou os judeus e os guiou para a terra prometida.

José e Maria foram para a festa e já estavam voltando para casa quando perceberam que Jesus não estava mais com eles.

Procuraram o menino por toda parte e depois de muito procurá-lo o encontraram conversando com os doutores da lei no templo. Jesus, apesar da pouca idade, ensinava a todos sobre o reino de Deus – um reino de justiça, de amor e de paz.

Os doutores da lei o escutavam confundidos e maravilhados com seus ensinamentos e sabedoria.

Maria disse ao menino Jesus que tinha se preocupado muito com o seu desaparecimento.

"Ele lhes respondeu: 'Por que me procuráveis? Não sabíeis que eu devia estar no que é de meu Pai'?"
– Lucas, 2: 49

"E Jesus progredia em sabedoria, em maturidade e em benevolência (amor) diante de Deus e dos homens."
– Lucas, 2: 52

Batismo

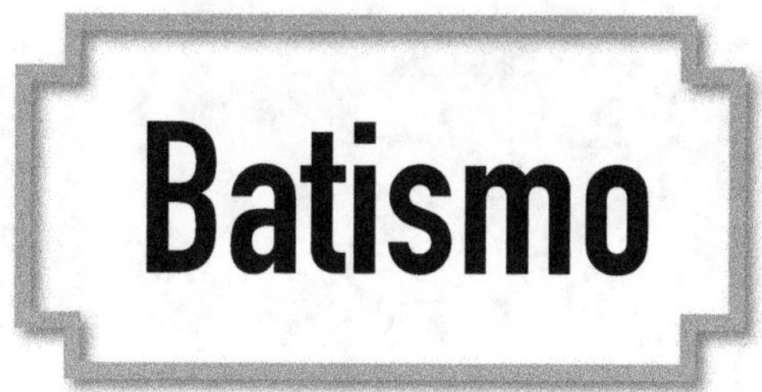

"Naqueles dias apareceu João Batista pregando no deserto da Judeia: 'Reformai vosso pensamento porque se aproxima de vós o reino dos céus'."
– Mateus, 3: 1-2

As escrituras sagradas diziam que o profeta Elias iria voltar à vida para preparar os caminhos do Cristo. E, de fato, Elias voltou em um novo corpo e com um novo nome – dessa vez ele se chamou João Batista.

João Batista foi um anjo de Deus que batizava as pessoas com água no rio Jordão, chamando-as ao arrependimento dos erros. Ele pregava que o reino de Deus estava próximo e que após ele viria alguém mais poderoso, que não batizava com água, mas com o Espírito Santo.

A palavra *"batizar"* quer dizer *"mergulhar"*. O batismo simboliza uma mudança de pensamentos e de comportamento, arrependimento de todo o mal praticado na vida, significando renascimento espiritual.

Ali, no batismo de Jesus, estava o símbolo de quem renascia não por necessidade de transformação íntima, mas por renúncia, para ajudar a quem se ama – um renascimento não por pecados, mas por amor.

Os primeiros discípulos

> *"Disse-lhes Jesus: 'Vinde após mim e eu vos farei pescadores de homens'."*
> – Marcos, 1: 17

A palavra *"discípulo"* vem do latim e significa *"aluno"*. *"Apóstolo"* é uma palavra grega e significa *"enviado"*. Dentre as pessoas que seguiam a Jesus, doze se destacaram e foram escolhidas por ele como díscipulos. Seus nomes eram:

Pedro e seu irmão André,
Tiago, o Maior, e seu irmão João,
Tiago, o Menor,
Mateus,
Felipe,

Tomé,
Judas Iscariotes,
Judas Tadeu,
Bartolomeu,
Simão, o zelote.

Além desses, muitos outros seguiram o Mestre. Mas Jesus nos ensinou que reconheceria seus discípulos e apóstolos naqueles que ouvissem suas palavras e as praticassem.

Os apóstolos são os que guardam no coração os mandamentos de Deus, e pelo trabalho constante e esforço diário se tornam pessoas melhores a cada dia.

As bodas de Caná

As celebrações de casamento na época de Jesus podiam durar até uma semana. Em determinado momento da festa de Caná, os noivos notaram que faltava vinho para os convidados e isso representava motivo de vergonha para eles.

Maria, mãe de Jesus, viu a tristeza do jovem casal e pediu ajuda a seu Filho. Jesus disse a Maria que ainda não era tempo de começar sua tarefa divina, no entanto, por ela, ele começaria sua missão mais cedo.

Maria, então, foi até os servos do casal e disse a eles: *"Fazei tudo o que ele vos mandar"*. E Jesus lhes pediu que enchessem as talhas de água.

As talhas eram recipientes de pedra que serviam para armazenar a água usada nos rituais dos israelitas e na rotina doméstica das famílias. Não eram apropriadas para guardar vinho, mas sim a água que as pessoas usavam para lavar as mãos, os pés, os pratos, dentre outras coisas. Nelas cabiam de 72 a 120 litros de água.

Jesus transformou a água em vinho, maravilhando a todos com essa demonstração de poder. Começando sua missão em uma festa de casamento, Jesus nos indicou que o início de nossa tarefa redentora na Terra deverá ser sempre em nosso próprio lar. Construir a paz em nossa casa, junto de nossos parentes mais próximos, é o primeiro compromisso para com a humanidade e para com Deus.

"Jesus fez essa primeira demonstração em Caná da Galileia e manifestou sua doutrina, e seus discípulos acreditaram nele."
– João, 2: 11

As curas

*"E todo o povo procurava tocá-lo porque saía
dele uma força que os curava a todos."*
– Lucas, 6: 19

Jesus convoca a todos os homens e mulheres de boa vontade para ajudá-lo a curar os doentes e os necessitados.

Curar não apenas o cego da visão, mas também o cego da alma, que não vê as pessoas e o mundo com bons olhos.

Curar não só o paralítico do corpo, mas também aquele que não consegue se levantar das dificuldades da vida.

Curar os enfermos do corpo e da alma.

Que todos nós tenhamos o desejo e a disposição sincera de servir a Jesus em sua obra de edificação do reino de Deus no coração de todos por meio do esclarecimento e da caridade desinteressada.

"Mas Jesus disse: 'Deixai as crianças e não proibais que venham a mim porque destas é o reino dos céus'."
– Mateus, 19: 14

O reino de Deus deve ser "recebido" em nossas vidas da mesma maneira que uma criança recebe um presente – com satisfação e contentamento.

Na fala de Jesus a criança é o símbolo da alegria e da candura de quem aceita as determinações de quem cuida dela. Ela representa a humildade daquele que não sabe tudo, do amor que perdoa com simplicidade, da curiosidade indagadora que origina a sabedoria, da autenticidade de quem age naturalmente, da perseverança que não desiste de buscar seus objetivos e da inocência refletida no olhar límpido para tudo e para todos.

O reino de Deus não é um lugar onde se pode comprar o bilhete de entrada. O reino de Deus é uma conquista pessoal. Ele requer paz no coração e mente iluminada pelo conhecimento divino. Atingir essa consciência significa entrar no reino dos céus. Uma vez dentro dele, poderemos ver, por toda parte, a justiça e o amor celestiais e, em toda criatura, um filho de Deus, um nosso irmão.

A transfiguração

"Seis dias depois, tomou Jesus consigo a Pedro, Tiago e João, seu irmão, e os levou a um alto monte. E foi transfigurado diante deles: seu rosto resplandeceu como o sol e suas vestes tornaram-se brancas como a luz. E eis que foram vistos Moisés e Elias conversando com ele."

– Mateus, 17: 1-3

Nessa passagem, temos vários ensinamentos. Moisés, o maior legislador judeu, que libertou o povo hebreu da escravidão no Egito, morreu 1.500 anos antes da volta de Elias, o maior intérprete dos ensinamentos divinos, e do nascimento de Jesus. Moisés e Elias foram até o Mestre e conversaram com ele sobre sua saída do plano físico. Os três estavam numa reunião entre vivos na carne e em espírito.

Esse encontro, conhecido como "a transfiguração de Jesus", aconteceu depois que João Batista desencarnou pelas mãos do rei Herodes Antipas.

Sobre Elias, Jesus disse:

— Mateus, 17: 11-13

O Mestre ensinou que a reencarnação e a comunicação com os desencarnados é uma realidade, porque afirmou que Elias e João Batista foram a mesma pessoa.

É bom ressaltar que durante aquela conversa uma nuvem luminosa cobriu a todos e os apóstolos ficaram com muito medo. E do firmamento desceu uma voz, que disse:

"Este é meu Filho amado, que me satisfaz."
— Mateus, 17: 5

Mais uma vez o céu confirmava a divindade de Jesus.[1]

---

[1] Transfigurar: ato ou efeito de transfigurar(-se); transformação, metamorfose; alteração da figura, das feições, da forma.

O sermão do monte

*"Vendo Jesus a multidão, subiu ao monte; e depois de sentar-se
aproximaram-se dele seus discípulos.
E abrindo a sua boca os ensinava, dizendo:
'bem-aventurados os pobres de espírito
porque deles é o reino dos céus;
bem-aventurados os que choram porque eles serão consolados;
bem-aventurados os mansos porque eles herdarão a terra;
bem-aventurados os que têm fome e sede de justiça
porque eles serão fartos;
bem-aventurados os misericordiosos
porque eles alcançarão misericórdia;
bem-aventurados os limpos de coração porque eles verão a Deus;
bem-aventurados os pacificadores
porque eles serão chamados filhos de Deus;
bem-aventurados os que sofrem perseguição por causa da justiça
porque deles é o reino dos céus;
bem-aventurados sois vós quando vos injuriarem e perseguirem,
e, mentindo, disserem todo o mal contra vós por minha causa.*

Naquela tarde inesquecível, onde a natureza envolvia a todos em doces claridades e brisas suaves, os pobres e os sofredores cercavam a figura divina do Salvador. Não se viam os príncipes ou os governantes, tampouco os favorecidos pelo poder e pela fortuna. Ali, no monte, estavam presentes os humilhados e os oprimidos do mundo, os escolhidos por Jesus para herdarem os tesouros do céu.

As bem-aventuranças do Cristo descortinaram o roteiro certo que nos leva à esperança, à felicidade, à paz, à humildade, à alegria, à paciência, à honestidade, à gentileza, ao respeito pelas diferenças, à caridade, ao perdão e ao amor. Elas tornaram-se, para todo o sempre, o farol que nos indica o caminho verdadeiro que devemos trilhar na Terra para sermos, legitimamente, filhos de Deus, merecedores de Seu reino.

Multiplicação dos pães

*"E ordenando à multidão que se reclinasse sobre a relva,
tomou os cinco pães e os dois peixes, e erguendo os olhos ao céu
deu graças, e partindo os pães entregou-os aos discípulos,
e os discípulos os entregaram à multidão."*

– Mateus, 14: 19.

*"E todos comeram e se fartaram;
e eles apanharam dos fragmentos doze cestos cheios."*

– Mateus, 14: 20

Para o povo judeu, o pão simboliza o alimento do céu, o alimento espiritual, que sustenta o homem.

Jesus faz a comparação com o pão quando diz que ele mesmo é o pão da vida. O que ele ensinou e exemplificou é o que nutre o nosso espírito.

Ao ver a multidão faminta – cerca de cinco mil homens, além das mulheres e das crianças –, Jesus se compadeceu e disse aos apóstolos que a alimentasse.

E eles responderam: *"Não temos aqui senão cinco pães e dois peixes"*. E Jesus respondeu: *"Trazei-os cá"*.

Ao multiplicar os pães e os peixes, o Mestre nos ensinou que muitas vezes nos veremos frente a problemas que acreditamos superar nossas forças, que não conseguiremos resistir às dificuldades que nos ameaçam.

Ele ensinou, portanto, que devemos contribuir com o nosso melhor a cada momento – que o que para nós é impossível a ele basta um sopro de sua vontade para que as tempestades se calem.

Entrada em Jerusalém

"As turbas que o precediam e as que o seguiam gritavam dizendo: 'Hosana! Bendito o que vem em nome do Senhor, hosana nas alturas!'"
– Mateus, 21: 9

Jesus chegou em Jerusalém montado em um jumentinho. Se tivesse chegado em um cavalo demonstraria que chegava para conquistar, destruir e vencer.

O cavalo simbolizava a guerra. O jumentinho, no entanto, era símbolo de humildade e de paz.

O povo acreditava que Jesus chegava para libertá-lo dos romanos, da miséria e da escravidão. A palavra *"hosana"*, do hebraico, significa a expressão *"por favor, salve-nos"*. A palavra *"cristo"*, do grego, significa *"salvador"*.

Aconteceu que, ao entrar no templo, Jesus começou a ensinar que o reino dele ainda não era deste mundo, que o reino dele não estava em templos de pedra, mas sim no coração de cada um. Ele ensinou que a liberdade verdadeira é aquela que nos liberta da ignorância e da maldade. O povo se confundiu e não gostou de ouvir esses ensinamentos. As pessoas não enxergaram a luz do Senhor.

Cego de nascença

"E passando (Jesus) viu um homem cego de nascença. Perguntaram-lhe seus discípulos, dizendo: 'Rabi, quem errou – ele ou seus pais – para que nascesse cego?"
– João, 9: 1-2

Jesus saiu do templo desacreditado pelos fariseus e por grande parte do povo. Ele saiu da cidade com seus discípulos pela porta de Siloé e viu o cego de nascença.

Um dos apóstolos perguntou: *"Rabi, quem errou – ele ou seus pais – para que nascesse cego?"*

A reencarnação era uma das crenças do povo judeu, mas não era ainda uma ideia bem definida para eles, e um exemplo disso é a pergunta feita pelos apóstolos.

Jesus confirmou-lhes a proposição, respondendo: *"Ele mesmo não errou"*.

Ora, se ele não errou antes de nascer é porque viveu corretamente. Assim sendo, a cegueira naquela vida não era o resgate de erros de vidas anteriores. E também não era o resgate de culpa dos pais.

Mais uma vez Jesus ensinou sobre a lei da reencarnação. E o ensino é sublime: *"Nasceu cego para que nele se manifestasse a ação de Deus"*.

A última ceia

"Estando eles a comer, tomando Jesus um pão, e tendo abençoado, partiu e deu aos discípulos, dizendo: 'Tomai e comei, isto é o meu corpo'. E tomando uma taça, e tendo dado graças, deu-lhes, dizendo: "Dela bebei todos, pois isto é meu sangue do testamento, derramado em relação a muitos para abandono dos erros."

— Mateus, 26: 26-28

Toda vez que nos alimentamos, que comemos pão, que bebemos um copo d'água, recebemos desses alimentos sua essência e suas substâncias penetram em nosso corpo, passando a fazer parte de nós.

Quando Jesus disse a seus apóstolos para comer o pão como seu corpo, e beber o vinho como seu sangue, – *"Isto é meu corpo"* – ele ensinou que devemos interiorizar seus ensinamentos e exemplos tornando-os parte de nossa vida para que transformemos nossos pensamentos e hábitos melhorando nossos sentimentos e atitudes.

A oração

"Em verdade, em verdade vos digo, se algo pedis a meu Pai em meu nome, Ele vos dará."
– João, 16: 23

Jesus estava no Getsêmani, onde se recolheu em oração. *"Getsêmani"* quer dizer *"lagar de azeite"*. Lagar é o instrumento que esmaga a azeitona para que dela se extraia o azeite – que na época era usado para sacramentar os reis e os sumos sacerdotes judeus. Assim como o trigo é triturado, a uva é pisada e a azeitona é esmagada, nosso Mestre Jesus também ali estava prestes a ser esmagado pela ignorância dos homens.

Nesse momento decisivo da humanidade, Jesus buscou a Deus e fez sua oração junto ao templo da natureza. Ali se uniu ao Pai Celestial, sem revolta, sem desespero.

> *"(...) se algo pedis a meu Pai em meu nome,*
> *Ele vos dará."*

Muitas pessoas julgam, lendo essa passagem do Evangelho, que pedindo em nome do orgulho, da violência, da maldade serão atendidas por Deus. Se esquecem de que Jesus falou em nome de Deus, e de que Deus é amor.

Pedir em nome de Jesus é pedir em nome do que ele viveu. Devemos pedir pela paz, pela fé, pela caridade. Devemos pedir, enfim, para termos um coração mais bondoso e justo.

Prisão e julgamento

"E ainda falando ele eis que chegou Judas, um dos doze, e com ele grande grupo, com facões e paus (vindo) dos principais sacerdotes e anciãos do povo. O que o entregaria dera a eles um sinal, dizendo: 'Quem eu beijar é ele, prendei-o'."

– Mateus, 26: 47-48

Judas era um dos apóstolos de Jesus. Ele amava o Mestre, no entanto não entendeu quando Jesus disse que o seu reino não era deste mundo. Equivocadamente, buscou uma forma de elevar Jesus à posição de rei na Terra.

Para isso, planejou colocar o Mestre frente a frente com os sacerdotes, acreditando que, dessa forma, forçaria o sublime Benfeitor a assumir as rédeas do poder transitório dos homens. Judas acreditava que acima dos corações humanos estava o poder político e financeiro, e que sem essa "ajuda" Jesus não estabeleceria o seu reino aqui.

Uma noite, Judas se aproximou de Jesus e o saudou com um beijo na face, dizendo: *"Salve, Mestre!"*.

Jesus foi preso e levado aos sacerdotes, que o invejavam e o queriam morto, pois acreditavam ser ele uma ameaça aos seus interesses.

Os sacerdotes, então, apresentaram Jesus ao prefeito da província romana na Judeia, chamado Pôncio Pilatos, sob a acusação de traição contra César.

> *"'Havemos achado este pervertendo a nossa nação', disseram eles, 'proibindo dar o tributo a César, dizendo que ele mesmo é Cristo, o rei'."*
>
> – Lucas, 23: 2

Pilatos reconheceu que Jesus era inocente e o enviou a Herodes Antipas, rei da Galileia – o mesmo que mandou matar João Batista, primo de Jesus.

Herodes também não viu culpa nele, porém o maltratou e o enviou novamente a Pilatos, que, temendo uma revolta popular, entregou Jesus para ser crucificado.

A cruz

"(...) e tendo flagelado Jesus entregou-o
para que fosse crucificado."
– Mateus, 27: 26

Jesus foi açoitado e carregou a sua cruz até o lugar que deveria ser morto – o Gólgota, que significa *"lugar do crânio"*. Lá ele foi crucificado ao lado de dois ladrões.

Naqueles dias, o povo judeu era o mais esclarecido em matéria de religião. Era conhecedor profundo das leis divinas, mas era também um povo muito orgulhoso e esse orgulho se caracterizou pelo desejo de ser superior aos demais povos.

Jesus esteve entre estas duas forças destruidoras: o fanatismo religioso dos judeus e os interesses políticos de Roma.

Mas tudo foi consumado. O Mestre entregou a Deus o seu destino, vítima da ignorância, da injustiça e da traição dos companheiros queridos, que o abandonaram completamente nas horas mais difíceis.

O Senhor se despediu de todos nós com os braços abertos na cruz, parecendo querer nos abraçar ainda mais uma vez.

Assim ele operou mais uma transformação em nossas vidas. A cruz, símbolo de desprezo e tortura, flagelo e dor, tornou-se, após sua passagem, símbolo de vida, de renascimento.

"Eis que faço novas todas as coisas."
– Apocalipse, 21: 5

Ascensão

"Este homem será entregue em mãos dos homens que o matarão. Ao terceiro dia, ressuscitará."
– Mateus, 26: 47-48

Jesus desencarnou na cruz. Os apóstolos ficaram muito tristes, no entanto, passados três dias, Maria de Magdala, seguidora fiel do Mestre amado, foi visitar seu túmulo e o encontrou aberto. Assustada, ao sair do local para buscar ajuda se deparou com ele, que apareceu a ela e lhe pediu que avisasse aos discípulos que ele havia ressuscitado – *"ressuscitar"* significa *"ressurgir dos mortos"*.

Maria de Magdala foi a primeira pessoa a ver o Cristo ressuscitado porque ela foi o maior exemplo de transformação íntima dentre os apóstolos, e também porque, junto de Maria Santíssima e de João Boanerges, não o abandonou na hora extrema do calvário.

Depois o Cordeiro de Deus apareceu a inúmeros discípulos em seu corpo espiritual resplandecente de luz e de poder divinos. Com os corações repletos de alegria por rever o Mestre amado, eles receberam as lições derradeiras, talvez as mais difíceis de seu Evangelho de amor – as lições do perdão e da renúncia, e a de que a morte não existe, pois o que existe é vida no reino de nosso Pai Celestial.

> *"Aconteceu que, enquanto os abençoava,*
> *ia-se retirando deles, sendo elevado para o céu."*
> – Lucas, 24: 51

A visão sublime do Senhor se elevando ao céu representa para todo o sempre a revelação da imortalidade do homem e seu destino – assim como o lugar que lhe é reservado junto do Criador. Jesus nos convidou para participar de seu reino de amor e de justiça, e nos prometeu o Consolador – que é o Espiritismo codificado por Allan Kardec, que veio relembrar seus exemplos e ensinar tudo aquilo que ele, até aquele momento, não pôde ensinar porque não entenderíamos.

Sejamos a luz do Cristo na face da Terra! É isso que ele espera de todos nós!!!

Referências bibliográficas

BÍBLIA SAGRADA. N. T. Disponível em: <https://www.bibliaonline.com.br/>. Acesso em: 2 abr. 2019. Almeida corrigida e revisada. [Apocalipse, 3: 20; João, 1: 1-2; 1: 3;1: 10; 1: 14; Lucas, 1: 26; 1: 27; Mateus, 2: 1-16; Lucas, 2: 40; 2: 49; 2: 52; Mateus, 3: 1-2; Marcos, 1: 9; João, 1: 32; Lucas, 3: 22; Marcos, 1: 17; João, 2: 1; 2: 11; Lucas, 6: 19; Mateus, 19: 14; 17: 1-3, 17: 11-13; 17: 5; Mateus, 5: 1; 14: 19; 14: 20; 21: 9; João, 9: 1-2; Mateus, 26: 26-28; João, 16: 23; Mateus, 26: 47-48; Lucas, 23: 2; Mateus, 27: 26; Apocalipse, 21: 5; Mateus, 26: 47-48, Lucas, 24: 51.]

KARDEC, Allan. *O evangelho segundo o espiritismo*. 131. ed. Brasília: FEB, 2013. [Edição histórica]

KARDEC, Allan. *O livro dos espíritos*. 86. ed. Rio de Janeiro: FEB, 2005.

XAVIER, Francisco Cândido. *A terra e o semeador*. Ditado pelo espírito Emmanuel. 7. ed. São Paulo: IDE, 1975.

XAVIER, Francisco Cândido. *Encontros no tempo*. Ditado por espíritos diversos. 5. ed. São Paulo: IDE, 1979.

XAVIER, Francisco Cândido; JOVIANO, Wanda Amorim (Org.). *Sementeira de luz*. Ditado pelo espírito Neio Lúcio. 6. ed. Belo Horizonte: Vinha de Luz, 2018.

Leia também

2019 — O ápice da transição planetária

Marlene Nobre e Geraldo Lemos Neto reuniram nesse livro as predições de Jesus, os escritos de Allan Kardec e as revelações de Chico Xavier acerca da data-limite do Velho Mundo, advertindo sobre a manutenção da paz na Terra como condição essencial para os bons sucedâneos da atual transição planetária de mundo de expiações e de provas para mundo de regeneração. Como verdadeiro apóstolo do Cristo no planeta, Chico Xavier deixou um legado repleto de ensinamentos, induzindo-nos ao compromisso com a prática legítima do Evangelho de Jesus com a coletividade humana. Cada um de nós tem a liberdade de optar entre o bem e o mal, seguindo o melhor ou o pior caminho. Cabe a cada coração a alternativa da paz ou da guerra. Qual é a sua escolha?

MARLNE NOBRE E GERALDO LEMOS NETO

Ignácio de Antioquia

Uma viagem ao tempo da simplicidade e da pureza do Cristianismo, em sua mais bela e genuína expressão. Obra mediúnica repleta de episódios históricos do Cristianismo primitivo, que resgata para a memória da humanidade a vida e a trajetória de um dos seguidores mais valorosos de nosso Senhor Jesus Cristo.

PELO ESPÍRITO THEOPHORUS
PSICOGRAFIA DE GERALDO LEMOS NETO

Sementeira de luz

Voltando à Terra no século XIX, Neio Lúcio encarna a personalidade de Arthur Joviano, cujo núcleo familiar, em missão redentora de um passado longínquo, conta com as presenças de personagens descritos nos romances *50 anos depois* e *Renúncia*. Desprendido em 1934, Neio Lúcio inicia sua comunicação com a família, através da mediunidade de Chico Xavier, em reuniões semanais de culto evangélico na casa de Rômulo Joviano, em Pedro Leopoldo | MG. As mensagens, repletas de sabedoria e amor extremado por todos aqueles com os quais conviveu, são bem a confirmação dos compromissos reparadores que assumimos na Espiritualidade, alicerçados nos ensinamentos de Jesus para nos tornarmos legítimos semeadores da Boa Nova.

Pelo Espírito Neio Lúcio
Psicografia de Francisco Cândido Xavier
Organização de Wanda Amorim Joviano

Deus conosco

Deus conosco é o livro que dá sequência às revelações espirituais inéditas da psicografia de Francisco Cândido Xavier, trazidas a lume pela prestimosa organização de Wanda Amorim Joviano, com a colaboração de Geraldo Lemos Neto. As mensagens, recebidas em sua maioria no culto doméstico do Evangelho no lar da família Joviano, nas décadas de 30 a 50, na Fazenda Modelo, em Pedro Leopoldo | MG, são de autoria de Emmanuel, o espírito responsável pela materialização da extensa bibliografia que tanto esclarecimento e consolação verteram da Vida Maior para a face da Terra, através das abnegadas mãos de Chico Xavier. Deus conosco nos traz de volta ao convívio os memoráveis discípulos do Cristo, ligados desde priscas eras, cuja missão foi a da revivescência do Cristianismo puro e simples dos tempos apostólicos, no coração humilde e generoso das terras pacíficas do Brasil.

Pelo Espírito Emmanuel
Psicografia de Francisco Cândido Xavier
Organização de Wanda Amorim Joviano e
Geraldo Lemos Neto

Militares no Além

Dentre os tesouros guardados por Wanda Amorim Joviano, MILITARES NO ALÉM, da lavra de Chico Xavier nos anos de 36 a 52, no mínimo surpreende pela atualidade das mensagens em torno da paz que a humanidade do século XXI tanto anseia. Fruto da sua ingente dedicação no desdobre das tarefas mediúnicas no culto do lar realizado durante muitos anos pelo *Grupo Doméstico Arthur Joviano*, na Fazenda Modelo, em Pedro Leopoldo | MG, esse livro relata, na perspectiva espiritual de muitos servidores da pátria, a realidade consoladora do *outro lado*, onde o trabalho pelo bem não cessa e a esperança é sentimento que inspira a vitória do amor preconizado por Jesus.

Espíritos Diversos
Psicografia de Francisco Cândido Xavier
Organização de Wanda Amorim Joviano

Iluminuras

ILUMINURAS é a primeira publicação de bolso da Vinha de Luz Editora. É composta de pensamentos e frases extraídos do livro *Deus conosco*, do venerável espírito Emmanuel, psicografado por Francisco Cândido Xavier nas décadas de 30 a 50, durante o culto cristão no lar do Dr. Rômulo Joviano, na Fazenda Modelo, em Pedro Leopoldo | MG. A riqueza dos ensinamentos evangélicos apresentados na obra fala por si só e atesta o amparo de nosso Senhor Jesus Cristo à divulgação da Doutrina Espírita, codificada pelo apóstolo Allan Kardec.

Pelo Espírito Emmanuel
Psicografia de Francisco Cândido Xavier
Organização de Cezar Carneiro de Souza

Sementeira de paz

Volume que dá sequência ao roteiro de revelações espirituais do espírito Neio Lúcio, que em última romagem terrena envergou a personalidade de Arthur Joviano, pai de Dr. Rômulo Joviano, diretor da Fazenda Modelo em Pedro Leopoldo | MG, onde Chico Xavier trabalhou por largos anos. As mensagens nele contidas surgiram espontaneamente pela psicografia de Chico Xavier a partir de 1935, na residência da família Joviano, na própria Fazenda Modelo, durante o culto do Evangelho no lar do *Grupo Doméstico Arthur Joviano*, a que Chico prazerosamente se dirigia depois de findos os seus trabalhos diuturnos, dando a *Deus o que é de Deus* após dar a *César o que é de César*. Recebidas por Chico Xavier de 1946 a 1948, as mensagens de Neio Lúcio foram batizadas de SEMENTEIRA DE PAZ, sendo esse novo livro, organizado por Wanda Joviano, dedicado ao centenário de nascimento de Chico Xavier (1910-2010), o *medianeiro do amor*.

Pelo Espírito Neio Lúcio
Psicografia de Francisco Cândido Xavier
Organização de Wanda Amorim Joviano

Pérolas de sabedoria

Compulsados do livro *Sementeira de luz*, organizado por Wanda Amorim Joviano, as frases e os textos apresentados no livro *Pérolas de sabedoria* foram coletados e reunidos por Braz José Marques com o propósito de engrandecer o aprendizado de todos nós nos estudos evangélicos do dia a dia. As pérolas da Espiritualidade — aqui incrustadas na condição de joias valiosas — são fundamentais para o esclarecimento daqueles que delas se valerem, expositores ou não da Doutrina Espírita.

Pelo Espírito Neio Lúcio
Psicografia de Francisco Cândido Xavier
Organização de Braz José Marques

Colheita do bem

A autoria deste livro pertence ao professor Arthur Joviano, o estimado benfeitor espiritual que todos nós conhecemos com o nome de Neio Lúcio, personagem do romance *50 anos depois*, de quem recebemos valiosos ensinamentos dirigidos ao espírito imortal que vai vencer a morte e transpor os séculos. Chico Xavier psicografou as mensagens do livro durante o culto do Evangelho no lar da família Joviano, na Fazenda Modelo em Pedro Leopoldo, onde trabalhava. No *Colheita do bem* estão as páginas recebidas nos anos de 1949 a 1952, sendo, portanto, as últimas psicografadas na Fazenda Modelo, uma vez que em 1952 a família Joviano transferiu definitivamente sua residência para a cidade do Rio de Janeiro. *Colheita do bem* finaliza a série iniciada com o livro *Sementeira de luz*, seguido pelo *Sementeira de paz* — formando uma verdadeira trilogia da luz, da paz e do bem maior, que a todos nos une no carreiro da evolução espiritual para Deus.

Pelo Espírito Neio Lúcio
Psicografia de Francisco Cândido Xavier
Organização de Wanda Amorim Joviano

Chico Xavier — O primeiro livro

Vinte anos antes de sua desencarnação, Chico Xavier revelou que sempre guardou no íntimo o desejo de publicar as belas produções mediúnicas que os amigos espirituais escreviam por seu intermédio, nos idos dos anos 20. Curiosamente, Chico confeccionava, com suas próprias mãos e com grande esforço, alguns exemplares com a finalidade de despertar os amigos para a possibilidade de um livro. Em face da pobreza material com a qual vivia, ao médium restava a esperança de que algum desses amigos se interessasse pelo tema e, talvez, movimentasse os recursos necessários para uma publicação. De suas primeiras produções manuais, contendo, inclusive, a sua sensibilidade artística no desenho e na ilustração das mensagens, Chico conseguiu guardar durante toda a sua vida um único exemplar, que ao final de sua existência terrena entregou ao seu sobrinho-neto, Sérgio Luiz Ferreira Gonçalves, que no-lo apresentou para a devida divulgação. Esse é então, de fato e de direito, o primeiro livro de Chico Xavier, que a Vinha de Luz Editora da Casa de Chico Xavier de Pedro Leopoldo trouxe a lume, com a alegria de presentear o amado amigo Chico com a edição de seu *primeiro livro* no ano de 2010, ano de seu centenário de nascimento.

Espíritos Diversos
Psicografia de Francisco Cândido Xavier
Organização de Geraldo Lemos Neto e
Sérgio Luiz Ferreira Gonçalves

Luz na Escola — Chico Xavier na Escola Jesus Cristo de Campos | RJ

Esse é um livro de Francisco Cândido Xavier, com mensagens psicografadas por ele durante visita de quatro dias à Escola Jesus Cristo, em Campos | RJ, em 1940. Contém comentários de seu organizador, Clóvis Tavares, testemunha ocular de todos os fenômenos ali ocorridos. Os textos desse volume representam uma reedição da sua primeira, pequena, única e esgotada edição, feita também em 1940, publicação de caráter doméstico da Escola Jesus Cristo, agora reeditada pela Vinha de Luz, que desempenha hoje um papel ímpar no resgate histórico da produção mediúnica de Chico Xavier.

Espíritos Diversos
Psicografia de Francisco Cândido Xavier
Organização de Clóvis Tavares e Flávio Mussa Tavare

Viajantes — A Espiritualidade iluminando sua mente e seu coração através de Chico Xavier

Primeiro audiolivro da Vinha de Luz Editora, que reúne 20 mensagens de espíritos diversos, psicografadas por Chico Xavier ao longo de seus 75 anos de labor mediúnico. Com um sugestivo título-tema e trilha sonora de rara beleza, VIAJANTES, organizado e interpretado por Fernando Peron, é um incentivo ao estudo sério e aprofundado de tão extraordinário patrimônio filosófico, científico e religioso legado a nós pelas mãos operosas e abençoadas de Chico Xavier.

Espíritos Diversos
Psicografia de Francisco Cândido Xavier
Organização e interpretação de Fernando Peron

Lições para Angelita

Quando Chico Xavier tinha apenas 20 anos, dois personagens importantes surgiram para marcar a sua vida: a menina Angelita e sua mãe extremosa. Esse livro contém vinte mensagens repletas de ensinamentos preciosos, repassados de mãe para filha a partir do dia a dia que ambas vivenciam, e também das perguntas que a menina faz sobre os mais diversos temas acerca da existência. São lições para todas as pessoas. A receita segura para a construção do homem de bem – meta que todos nós devemos buscar.

Pelo Espírito João de Deus
Psicografia de Francisco Cândido Xavier
Organização de João Marcos Weguelin

Chico Xavier — A aurora de uma vida entre o céu e a Terra

As mensagens aqui apresentadas foram psicografadas por Chico Xavier e publicadas no jornal espírita *Aurora*, dirigido por Inácio Bittencourt, entre julho de 1928 e abril de 1933. Nesses primeiros anos, Chico era ainda muito jovem, não sabia quem eram os espíritos que se comunicavam por meio dele, e era praticamente desconhecido fora das terras mineiras. A lucidez do jovem Chico Xavier ao comentar, ele mesmo, alguns trechos doutrinários sobre os postulados espíritas surpreende e seja em verso ou em prosa, sobre os mais variados temas, o leitor encontrará nesse livro preciosas lições de vida, ora nos ensinando a aceitar e a bendizer o sofrimento e as provas diárias, ora nos ensinando a viver uma vida verdadeiramente cristã e espírita, mostrando, por fim, quão breve é a existência terrena perante a eternidade do tempo.

Espíritos Diversos
Psicografia de Francisco Cândido Xavier
Organização de João Marcos Weguelin

DEPOIS DA TRAVESSIA

Mais um volume da psicografia inédita de Chico Xavier, por espíritos diversos. A sua primeira parte é originária da fase do médium em Pedro Leopoldo, na Fazenda Modelo, na qual, após o serviço, frequentou o culto do Evangelho no lar do *Grupo Doméstico Arthur Joviano*, levado a efeito, semanalmente, pela família de Dr. Rômulo Joviano. Já a segunda parte é fruto da última fase da psicografia do médium em Uberaba, onde, nas sessões públicas do Grupo Espírita da Prece, recebeu o espírito da irmã, D. Luiza Xavier, em diversas oportunidades, a partir de 13 de julho de 1985. Permeando as comoventes mensagens desses espíritos sobre a própria sobrevivência além-túmulo, há fac-símiles de mensagens de Emmanuel e de Bezerra de Menezes, fotografias e escritos inéditos de Chico Xavier ilustrando as épocas e as personalidades citadas. A obra é, pois, instrutivo volume contendo valiosas informações sobre a vida espiritual depois da travessia dos umbrais da morte do corpo físico, a induzir-nos o espírito distraído no mundo a uma mais ampla reflexão sobre a imortalidade, patenteando-se-nos a real significação das palavras de Jesus, nosso Senhor e Mestre: "A cada um será dado segundo as próprias obras".

ESPÍRITOS DIVERSOS
PSICOGRAFIA DE FRANCISCO CÂNDIDO XAVIER
ORGANIZAÇÃO DE GERALDO LEMOS NETO E
WANDA AMORIM JOVIANO

MILITARES COM JESUS

As lições deste livro são de autoria de respeitáveis espíritos que passaram pela Terra na difícil experiência como militares. Portadores de grandes responsabilidades no dever, na disciplina, sobretudo integrados na justiça, propugnam, com amor, pela paz e pela felicidade dos povos, e do Brasil como pátria do Evangelho de nosso Senhor Jesus Cristo. São fragmentos extraídos do livro *Militares no Além*, psicografado por Francisco Cândido Xavier no período de 1936 a 1952 em Pedro Leopoldo, Minas Gerais, selecionados e organizados no presente volume como valiosos ensinamentos dos benfeitores da Vida Maior.

ESPÍRITOS DIVERSOS
PSICOGRAFIA DE FRANCISCO CÂNDIDO XAVIER
ORGANIZAÇÃO DE CEZAR CARNEIRO DE SOUZA

Registros imortais

Registros imortais resgata para a história da Doutrina Espírita o trabalho de desobsessão e de esclarecimento aos desencarnados levado a efeito no Centro Espírita Meimei, fundado por Chico Xavier na Pedro Leopoldo dos anos 50. Por meio da psicofonia, Chico Xavier e diversos outros médiuns receberam mensagens da Vida Maior assinadas por espíritos sofredores e em evolução, em cujo cerne encontramos o Evangelho de Jesus como alicerce seguro para a vida imortal. Complementando as obras *Instruções psicofônicas* e *Vozes do Grande Além*, editadas pela Federação Espírita Brasileira em 1955 e 1957, respectivamente, esse livro é mais um documento importante para o Espiritismo no Brasil e no mundo, testificando a ingente capacidade mediúnica e caritativa do maior médium de todos os tempos e a valiosa contribuição de todos aqueles que com ele conviveram nessas tarefas consoladoras.

ESPÍRITOS DIVERSOS
PSICOFONIA DE FRANCISCO CÂNDIDO XAVIER
ORGANIZAÇÃO DE EUGÊNIO EUSTÁQUIO DOS SANTOS

Obras da fé

A Vinha de Luz tem como missão maior a publicação e a divulgação de obras inéditas da lavra mediúnica de Francisco Cândido Xavier. Esse lançamento comemora seus 10 anos de trabalho e traz para o leitor uma seleção de mensagens de espíritos diversos, psicografadas pelo maior médium de todos os tempos, publicadas em 14 livros lançados por ela na última década. São mensagens de bênçãos. Uma obra de fé, que testifica a grandeza do compromisso para com a Doutrina dos Espíritos e para com o Evangelho do Cristo, respondendo ao chamado da tarefa abençoada com o livro espírita e com a preservação e a difusão da vida e da obra de Chico Xavier no Brasil e no mundo.

ESPÍRITOS DIVERSOS
PSICOGRAFIA DE FRANCISCO CÂNDIDO XAVIER
ORGANIZAÇÃO DE JOÃO MARCOS WEGUELIN

Palavras sublimes

A partir de 1930, a história de Chico Xavier começou a ser contada pelas páginas de *Reformador*, a mais antiga publicação voltada para a divulgação do Espiritismo no Brasil. Esse livro traz mensagens de Chico Xavier localizadas em suas edições de 1933 a 1950, psicografias assinadas por espíritos de vulto, como Emmanuel, Humberto de Campos, Bittencourt Sampaio, Abel Gomes, dentre outros, sendo este mais um título da bibliografia do médium mineiro que a Vinha de Luz Editora traz a lume, com a organização do jornalista João Marcos Weguelin, para a preservação da vida e da obra do maior brasileiro de todos os tempos.

Espíritos Diversos
Psicografia de Francisco Cândido Xavier
Organização de João Marcos Weguelin

A saudade é o metro do amor

Apresentação das seis comunicações mediúnicas de Clóvis Tavares por meio de Chico Xavier, com quem mantinha uma relação de amizade que não pode ser medida pelos padrões humanos. Na intimidade do lar, Clóvis sempre declarou que só se comunicaria mediunicamente através de Chico. Sua família manteve a fidelidade de sua amizade e reconhece nas cartas espirituais a integridade de sua personalidade. Que a obra possa transmitir a você, leitor, o valor doutrinário dessas comunicações, que não se resumem a cartas domésticas, mas a diretrizes para a vida.

Pelo Espírito Clóvis Tavares
Psicografia de Francisco Cândido Xavier
Organização de Flávio Mussa Tavares

Cartas do Alto

A obra contempla, e complementa, o que há de melhor na psicografia de Chico Xavier. Aqui estão o seu benfeitor Emmanuel e os amigos espirituais que o acompanharam ao longo de décadas. Entre os poetas, Augusto dos Anjos, Cruz e Souza, Olavo Bilac, Castro Alves, e muitos outros deixaram seus versos. Não faltaram as prosas elucidativas e instigantes de André Luiz e de Irmão X, além de textos doutrinários de Bezerra de Menezes, Bittencourt Sampaio e Eurípedes Barsanulfo, num compêndio de conteúdo para profundos estudos, que proporcionarão valioso aprendizado e oportunas reflexões. Esse trabalho é, para a Vinha de Luz Editora, uma conquista bastante significativa, pois encerra um ciclo de pesquisas em *Reformador*, a revista espírita mais antiga em circulação no país e no mundo. E estimula o empenho e a responsabilidade de continuar buscando em dezenas de outras publicações as mensagens que o maior médium de todos os tempos espalhou por toda a imprensa em 75 anos de tarefa psicográfica e também por todos os lugares por onde passou.

Espíritos Diversos
Psicografia de Francisco Cândido Xavier
Organização de João Marcos Weguelin

Instruções para a Vida

As lições deste livro são de autoria de respeitáveis espíritos que passaram pela Terra na difícil experiência como militares. Portadores de grandes responsabilidades no dever, na disciplina, sobretudo integrados na justiça, propugnam, com amor, pela paz e pela felicidade dos povos, e do Brasil como pátria do Evangelho de nosso Senhor Jesus Cristo. São fragmentos extraídos do livro *Militares no Além*, psicografado por Francisco Cândido Xavier no período de 1936 a 1952 em Pedro Leopoldo, Minas Gerais, selecionados e organizados no presente volume como valiosos ensinamentos dos benfeitores da Vida Maior.

Espíritos Diversos
Psicografia de Francisco Cândido Xavier
Organização de Cezar Carneiro de Souza

Apocalipse segundo o Espiritismo
— Uma proposta de estudo

Em virtude da consumação de muitos dos "ais" e do derramamento de grande parte das "taças" do Apocalipse, fomos compelidos a ultimar celeremente esse trabalho em face dos atuais momentos pelos quais passa a humanidade terrestre. O objetivo dessa pesquisa é o de chamar a atenção para o papel do Brasil nos anos vindouros, uma vez que se deve considerar a hipótese de o povo brasileiro acolher irmãos de outras terras em momentos difíceis que se aproximam. O que conseguimos arregimentar por intermédio das abençoadas mãos de Chico Xavier são informações profundas e contundentes para as nossas vidas, e certamente auxiliarão na formação de uma cultura de resignação, renúncia e de vontade empenhada para o atendimento aos desígnios do Pai Maior.

Marco Paulo Denucci Di Spirito

Chiquito

CHIQUITO, da autora portuguesa Julieta Marques, conta um pouco da vida de Chico Xavier em linguagem acessível e direta, num convite ao amor, à humildade e à disciplina exemplificados pelo *médium do século*. Totalmente ilustrado, CHIQUITO é o segundo título da Vinha de Luz Editora voltado à evangelização infantil, que atende, sem dúvida alguma, às *crianças de todas as idades*.

Julieta Marques

CHICO XAVIER — O MÉDIUM DOS PÉS DESCALÇOS

Chico Xavier foi, durante toda a sua vida, a personificação do bem, do amor ao próximo e da humildade. Nesse livro, Carlos Baccelli relata casos pessoais em torno do médium mineiro e registra, por meio de cartas que agora torna públicas, sua amizade estreita com o maior representante do Espiritismo no Brasil e no mundo. O autor nos coloca em contato muito próximo com Chico Xavier. É como se estivéssemos frente à frente com ele, numa conversa intimista, repleta de ensinamentos. É quase uma conversa ao pé do ouvido — em que podemos sentir de novo, e mais uma vez, a sua insubstituível presença.

CARLOS A. BACCELLI

CHICO XAVIER COM VOCÊ

Chico, mais que médium, era sábio. Em seus lábios, tanto ecoavam lições dos espíritos amigos quanto ensinamentos de sua própria autoria. Aqui, nessas páginas, garimpando em obras, revistas e periódicos antigos, o autor organizou uma coleção de pérolas que, sem dúvida alguma, não figuram em nenhuma outra coleção do mundo. Por isso, certamente, com esse abençoado livro você estará de posse de um tesouro de valor incalculável. Um tesouro que fará de você uma das pessoas mais ricas entre todos os homens!

CARLOS A. BACCELLI

O voo da garça — Chico Xavier em Pedro Leopoldo | 1910-1959

Esse trabalho histórico, do pesquisador pedroleopoldense Jhon Harley, que conviveu por 21 anos com Chico Xavier, é mais uma contribuição para compreender a figura humana do médium mineiro. Utilizando instrumentos e orientações do campo da História, principalmente no que diz respeito ao uso e à interpretação das fontes orais, escritas e iconográficas disponíveis, o autor transitou entre o acadêmico e o poético, fazendo uma analogia entre uma revoada de garças, ocorrida em 2 de abril de 1910, e a permanência de uma delas entre nós.

Jhon Harley

Nas trilhas da garça — Chico Xavier nas Minas Gerais

Dando continuidade ao seu trabalho de pesquisador, o pedroleopoldense Jhon Harley, utilizando instrumentos e orientações do campo da História, identificou algumas das "trilhas" percorridas por Chico Xavier nas Minas Gerais, principalmente em Uberaba. Mesmo tendo asas, essa "garça", vivendo a sua humanidade, manteve-se com os pés no chão, de bem com a vida, com os homens e consigo mesma. Para o autor, na perspectiva histórica em que a pesquisa se desenvolve, não é um simples gesto que transforma a sociedade em que vivemos, mas a coerência entre o falar e o agir de uma pessoa, associada ao seu poder de mobilização, é que gera uma ação coletiva de proporções inimagináveis. Chico Xavier foi uma dessas pessoas transformadoras. Por isso destaca, parafraseando o biógrafo uberabense Carlos Baccelli, que Chico não foi um anjo exercendo o papel de um homem, mas um homem, do mundo e no mundo, exercendo o papel de um anjo.

Jhon Harley

RÉSTIA DE LUZ

Primeiro livro editado pela Vinha de Luz Editora, lançado por ocasião do bicentenário de Allan Kardec (1804|2004) e dos 140 anos da primeira edição de O Evangelho Segundo o Espiritismo (1864|2004). Traz mensagens recebidas de espíritos diversos, psicografadas pelo médium Geraldo Lemos Neto, que interpretam as lições de O Evangelho Segundo o Espiritismo, nos indicando os caminhos mais certos da vida no permanente convite de nosso Mestre e Senhor Jesus.

ESPÍRITOS DIVERSOS
GERALDO LEMOS NETO

PEDRO LEOPOLDO VISTA POR CHICO XAVIER — 1910 | 1959

49 ANOS DA PRESENÇA DO
MAIOR MÉDIUM DE TODOS OS TEMPOS

O que o menino, o jovem e o adulto Chico Xavier vislumbrou em seus primeiros anos de experiências humanas e durante o desabrochar de suas faculdades mediúnicas a serviço do Cristo e da Doutrina dos Espíritos? O que teria o seu cândido olhar registrado pela retina da convivência e da saudade? Esse livro reúne extenso material inédito sobre o maior médium de todos os tempos, com fotografias e documentos recuperados, classificados e arquivados pelo memorialista pedroleopoldense Geraldo Leão, do Arquivo Geraldo Leão, e por Geraldo Lemos Neto, da Casa de Chico Xavier, que retratam principalmente o ambiente socioeconômico e cultural de Pedro Leopoldo dentro do período em que Chico Xavier lá residiu, desde o berço, em 1910, até a sua mudança definitiva para Uberaba, em 1959.

GERALDO LEÃO E GERALDO LEMOS NETO

Célia Lucius, Santa Marina —
Semelhanças entre as biografias católicas e o romance
50 anos depois de
Francisco Cândido Xavier e Emmanuel

CÉLIA LUCIUS, SANTA MARINA é a revivescência da vida daquela que Chico Xavier | Emmanuel descreveram no romance *50 anos depois* como *"o lírio que nasceu do lodo das paixões do mundo para perfumar a noite da vida terrestre"* e que a igreja católica canonizou no século V. Aqui, por meio do minucioso e irrefutável estudo biográfico realizado por Flávio Mussa Tavares, filho do saudoso Clóvis Tavares, de Campos | RJ, o leitor se deparará com diversos relatos sobre Célia, confirmando a veracidade da narrativa do médium mineiro nos idos dos anos 40, tal qual previra Emmanuel no prefácio da obra referenciada. Para os espíritas, a consolidação da interexistência de Chico no desdobramento do labor mediúnico a benefício da difusão da Doutrina e sua prática evangelizadora, exemplificando o amor e a humildade legitimamente cristãos. Para os demais, uma reflexão sobre as lutas transitórias da vida física e a realidade além-túmulo — a verdadeira vida de todos nós.

FLÁVIO MUSSA TAVARES

Evangelho puro, puro Evangelho —
Na direção do Infinito

Seguidor inconteste da Boa Nova do Cristo, e espírita em sua mais pura essência filosófica, Martins Peralva deixou para os estudiosos da Doutrina textos de iluminada sabedoria e reflexão, que foram reunidos no livro *Evangelho puro, puro Evangelho — Na direção do Infinito*, organizado por Basílio Peralva, e que a Vinha de Luz Editora trouxe a lume numa homenagem ao centenário de nascimento do *médium do século*, Francisco Cândido Xavier (1910|2010). A obra, que congrega artigos publicados na imprensa de 1945 a 1999, é indispensável ao homem de boa vontade, abordando temas imprescindíveis a todos os corações que jornadeiam rumo ao progresso espiritual.

MARTINS PERALVA
ORGANIZAÇÃO DE BASÍLIO PERALVA

Era uma vez para sempre

Voltado à evangelização infanto-juvenil, esse livro é um compêndio de mensagens de graciosa narrativa, que enfeixa os ensinamentos do Cristo sob a ótica do Espiritismo, correlacionados a diversos assuntos de ordem espiritual e humana. Suas personagens principais — crianças sedentas de amor e de conhecimento — encantam pela perseverança no bem, sempre amparadas pela nobre e sábia Vovó Angel, que, como o próprio nome já diz, é um anjo do Senhor em suas vidas de aprendizado rumo à luz.

Pelo Espírito Blandina
Psicografia de Carlos Malab

Isabel — A mulher que reinou com o coração

Dois dias após psicografar as primeiras das milhares de páginas através das quais o mundo espiritual se comunicou por seu intermédio, Chico Xavier manteve um revelador encontro com uma ilustre senhora que lhe mudaria o curso de vida. Era D. Isabel de Aragão, mais conhecida como Rainha Santa Isabel, a célebre rainha de Portugal, para sempre associada ao milagre da transformação do pão em rosas. Embora em circunstâncias e contextos distintos, ambos experimentaram o poder, a riqueza, a fama e a adoração, contudo optaram por viver uma intensa vida interior feita de humildade, perdão, tolerância, paciência, compaixão e caridade como expressões do amor. Esse trabalho avança para além da vida de Isabel de Aragão, apresentando outras duas figuras históricas: Santa Isabel da Hungria e Isabel de Portugal, duquesa da Borgonha. Colocadas as narrativas das vidas das três personagens lado a lado, emergem repetições e similitudes, nas quais encontramos a essência da reencarnação. Obviamente, caberá a cada leitor fazer o seu juízo de valor perante os fatos, porém, no conjunto das três, verificamos como uma personalidade se desenvolve e se amplia nas ações meritórias, exemplificando-se o progresso próprio e incessante pela condição moral que apresenta, pois sendo as almas iguais pela filiação são diferentes pela consciência espiritual que revelam. Segundo testificou o próprio Chico sobre D. Isabel de Aragão, *"ela é um dos gênios espirituais protetores da raça luso-brasileira em diversas partes do mundo para que os povos luso-brasileiros conservem a fraternidade cristã que Jesus nos legou"* (Adelino da Silveira, *Chico, de Francisco*, CEU).

Maria José Cunha

Departamento Editorial da Casa de Chico Xavier
Av. Álvares Cabral, 1777 — 20º andar — Sala 2006
Santo Agostinho | 30170-001 | Belo Horizonte | MG
(31) 2531-3200 | 2531-3300 | 3517-1573

www.vinhadeluz.com.br
informacoes@vinhadeluz.com.br

www.casadechicoxavier.com.br
informacoes@casadechicoxavier.com.br

www.saberespiritismo.com

Este livro foi composto em tipologia Zapf Humanist, corpo 18, predominantemente.
Capa impressa em papel Cartão Triplex Ningbo Star C1S 250g e miolo impresso em Off Set 90g.